Analiza książki

Kochanek

· · · · · · · · · · · · ·

Marguerite Duras

ANALIZA KSIĄŻKI

Napisany przez Isabelle Defossa
Przetłumaczony przez Kâmil Kowalski

Kochanek

Marguerite Duras

MARGUERITE DURAS

FRANCUSKA PISARKA, DRAMATURG I FILMOWIEC

- **Urodzona w Gia Dinh (Indonezja) w 1914 r.**

- **Zmarła w Paryżu w 1996 r.**

- **Godne uwagi prace:**

   - *Mur morski* (1950), powieść

   - *The Ravishing of Lol Stein* (1964), powieść

   - *Kochanek* (1984), powieść autobiograficzna

Marguerite Duras (1914-1996), z domu Marguerite Donnadieu, urodzona w Cochinchina (dawny region Indochin Francuskich), była jedną z najbardziej oryginalnych i wpływowych powieściopisarek XXwieku. Opowiadała się za oszczędnym stylem pisania, wykorzystywała powracające postacie i zbudowała korpus swoich utworów wokół fundamentalnych tematów pamięci i zapomnienia, a także przepisywania i niszczenia. Jej najsłynniejsze i najczęściej studiowane powieści to *Ściana morza* (1950), *Moderato Cantabile (*1958) i *Kochanek* (zdobywca prestiżowej francuskiej nagrody *Prix Goncourt w* 1984). Zajmowała się także teatrem (*La Musica*, *Kino Eden*) i kinem, w którym stosowała radykalny i bardzo osobisty styl (*India Song*; *Destroy, She Said*; *The Lorry*).

KOCHANEK

WPROWADZENIE DO MIŁOŚCI

- **Gatunek:** powieść
- **Wydanie referencyjne:** Duras, M. (1985) *The Lover*. Trans. Bray, B. New York: Random House.
- **Wydanie pierwsze:** 1984
- **Tematy:** miłość, dojrzewanie, Indochiny, społeczeństwo kolonialne

Wydany w 1984 roku *Kochanek* zdobył w tym samym roku *Prix Goncourt*. Ta autobiograficzna powieść opowiada historię francuskiej nastolatki mieszkającej w Indochinach i jej spotkania z młodym chińskim dziedzicem, które wpłynie na resztę jej życia. On wprowadza ją w rozkosze miłości. Ich związek, zakazany przez rodzinę młodej dziewczyny, ojca mężczyzny i społeczeństwo kolonialne, kończy się, gdy ona musi wrócić do Francji, pozostawiając go wciąż w niej zakochanego.

Powieść ta spotkała się z zawrotnym sukcesem: sprzedała się w blisko trzech milionach egzemplarzy i została przetłumaczona na ponad 40 języków.

STRESZCZENIE

W jesieni życia kobieta spogląda wstecz na swój półtora-roczny związek z pierwszym kochankiem.

SPOTKANIE

W latach 30-tych XX wieku piętnastoipółletnia dziewczyna mieszka w Indochinach Francuskich z matką i dwoma braćmi. Jej ojciec zmarł, gdy była młodsza. Zostaje zapisana do francuskiej szkoły, a w internacie mieszka w stanicy w Sajgonie, gdzie jest wiele dziewcząt mieszanych rasowo. Jedną z innych dziewcząt mieszkających w internacie jest Hélène Lagonelle, która jest starsza od narratorki o dwa lata i stanowi dla niej źródło fizycznej atrakcyjności.

Pod koniec wakacji szkolnych, kiedy podróżuje promem przez Deltę Mekongu, by z Sadeku wrócić do szkoły z internatem w Sajgonie, zauważa bardzo stylowego młodego mężczyznę, który obserwuje ją z czarnej limuzyny. Choć ubrany jest jak Europejczyk, nie jest biały: jest Chińczykiem i zostanie jej pierwszym kochankiem. Szybko podchodzi do niej i po przedstawieniu się proponuje, że zabierze ją swoją limuzyną z powrotem do Sajgonu, na co ona przystaje bez większego entuzjazmu. Od tej pory nastolatka będzie zawsze wożona do szkoły z internatem tym samochodem z szoferem i będzie jadać z Chińczykiem w najbardziej stylowych miejscach w mieście.

ZWIĄZEK

Pewnego dnia młody mężczyzna zabiera ją do swojej kawalerki w Cholen, chińskiej stolicy Indochin Francuskich. Od tej pory spotykają się tam, by kochać się w tajemnicy. Młoda dziewczyna czuje, że dzięki temu aktowi zyskuje głębsze poznanie Boga. On jest w niej szaleńczo zakochany, ona zaś pożąda go, częściowo dla jego pieniędzy. Nigdy jednak nie rozmawiają o tym, co robią, świadomi, że ich związek nie ma przyszłości: nie są tej samej rasy, a młoda dziewczyna jest o 12 lat młodsza od swojego kochanka, nawet nie biorąc pod uwagę faktu, że ojciec mężczyzny formalnie sprzeciwia się ich związkowi. Zaplanowawszy małżeństwo syna z bogatą chińską dziedziczką, chce odesłać dziewczynę do Francji: ona nie protestuje, a on w końcu dopnie swego.

Tymczasem postawa matki dziewczynki jest dwuznaczna: kiedy odkrywa, że jej córka spotyka się z bogatym młodym Chińczykiem, podejrzewa, że sypiają ze sobą i, zachęcana przez najstarszego syna, bije hańbiące ją dziecko. Pociąg do pieniędzy bierze jednak górę nad podejrzliwością i po ostrzeżeniu o częstych nieobecnościach córki prosi dyrektorkę szkoły z internatem, by pozwalała jej przychodzić i wychodzić do woli. Kiedy jednak Chińczyk spotyka się z rodziną dziewczyny, żadne z nich nie odzywa się do niego, mimo że nie wahali się skorzystać z jego pieniędzy. Wkrótce Chińczyk ofiarowuje młodej dziewczynie, w której jest beznadziejnie zakochany, pierścionek z bardzo cennym diamentem. To kończy komentarze opiekunów w internacie, nie dlatego, że młoda dziewczyna nosi go na palcu serdecznym lewej ręki, gdzie nosi się pierścionki zaręczynowe, ale z powodu bardzo wysokiej wartości klejnotu.

WYJAZD DO FRANCJI

W 1931 roku, po zdaniu egzaminów, młoda dziewczyna, która ma już 18 lat, opuszcza Sajgon i wyrusza statkiem w drogę powrotną do Francji. Od momentu ustalenia daty wyjazdu kochankowie widują się, ale nie kochają się, ponieważ mężczyzna czuje, że nie jest już do tego zdolny. Kiedy łódź wyrusza, ona płacze, nie dając zobaczyć się rodzinie i obserwuje, jak jej kochanek coraz bardziej się oddala. Jej podróż będzie trwała 24 dni.

W 1942 roku jej młodszy brat umiera na zapalenie płuc w wieku 27 lat. Młoda dziewczyna widzi w tym winę swojego starszego brata: według niej, strasząc, grożąc i bijąc go w okresie ich dzieciństwa, uczynił młodego człowieka słabym i bezbronnym.

W 1949 roku jej matka wraca do Francji i kończy swoje dni w Loir-et-Cher z Dô, który zawsze był jej gospodynią. Umrze pomiędzy Dô a jej najstarszym synem, któremu pozostawia większość swojego majątku. Około 20 lat później on również umiera, prowadząc samotne życie.

W Paryżu narratorka bywa w salonach Marie-Claude Carpenter i Betty Fernandez, które są pełne literatów. Tymczasem jej kochanek ożenił się z fantastycznie bogatą Chinką, która podobnie jak on pochodzi z miasta Fushun w północnych Chinach i została mu zaręczona na dziesięć lat przez jego ojca. Lata mijają, a on daje jej dziedzica. Długo po wojnie przyjeżdża z żoną do Paryża i telefonuje do narratorki, by powiedzieć jej, że będzie ją kochał do śmierci.

STUDIUM POSTACI

NARRATOR

Ma dwie twarze: starszej kobiety mieszkającej w Paryżu, która opowiada o swoich nastoletnich latach, i młodej dziewczyny żyjącej w Indochinach. W żadnym momencie nie otrzymujemy jej imienia.

Twarz staruszki spustoszyło starzenie, które rozpoczęło się, gdy miała zaledwie 18 lat, naznaczając ją nieodwracalnymi zmarszczkami i powodując trwałe zwiotczenie rysów. W średnim wieku była alkoholiczką, bywała na salonach literackich, ma syna, który kilka miesięcy przed śmiercią młodszego brata urodził się martwy.

Młoda dziewczyna ma piętnaście i pół roku, kiedy zaczyna się jej historia. Jest bardzo szczupła i ma na sobie nisko wyciętą jedwabną sukienkę należącą do jej matki, skórzany pasek należący do jej braci, buty na wysokim obcasie i męski kapelusz. Ma piegi, które ukrywa makijażem matki, a do 23 roku życia ma bardzo długie włosy.

Należy do francuskiej rodziny kolonialnej mieszkającej na Sadyce, ale uczęszcza do szkoły z internatem w stanie Sajgon. Jej ojciec został repatriowany do Francji z powodów zdrowotnych, gdy miała zaledwie cztery lata, a zmarł niecały rok później. Ma dwóch starszych braci. Nienawidzi najstarszego, którego chce zabić, a chroni najmłodszego, którego również nazywa swoim "młodszym bratem". Uważa, że jej matka jest szalona i czasem płacze, bo nie może zobaczyć jej szczęśliwej.

Nigdy nie przyznaje się jasno do powodów swojego związku z mężczyzną z Cholen – tak go nazywa – bez wątpienia dlatego, że sama nie wie, czy pociąga ją on, czy jego pieniądze. W tym czasie wie już, że pewnego dnia zostanie pisarką.

CHIŃCZYK

Również pochodzi z Sądecczyzny, ale mieszka w Choleniu. Jest pozbawiony brody i niezwykle szczupły. Ma około 27 lat. Jego matka nie żyje, a on jest jedynym synem miliardera, który należy do mniejszości chińskich finansistów posiadających wszystkie nieruchomości w kolonii. Zaczął studiować biznes w Paryżu, ale nie mógł skończyć, bo ojciec odesłał go do Indochin.

Od młodej dziewczyny dzieli go 12-letnia różnica wieku i różnica rasowa. Mimo to jest nią całkowicie zauroczony. Jego ojciec nie popiera tego związku i nie pozwala im się pobrać. Od dawna obiecuje syna bogatej dziedziczce z rodziny z Fushun w północnych Chinach. Miłość Chińczyka do nastolatki jest czysta i nie wygasa aż do jego śmierci.

MATKA

Matka narratora jest nauczycielką i dyrektorką w szkole dla dziewcząt na Sadyce. Ziemia, którą kupiła w Kambodży, zrujnowała ją. Upokorzona i po stracie męża popada w rodzaj szaleństwa. Zmęczona życiem, zdarza się, że nie karmi i nie ubiera swoich dzieci.

Jej stosunek do nich jest również nieproporcjonalny. Wykazuje wyraźne upodobanie do najstarszego syna, którego jako jedynego nazywa "swoim dzieckiem". Kupuje mu posiadłość koło Amboise i zostawia mu większość majątku, jaki jej pozostał. Jej zachowanie wobec drugiego syna wydaje się obojętne, natomiast wobec córki jest niejednoznaczne. Zarówno aprobuje, jak i dezaprobuje jej zachowanie:

- Z jednej strony boi się, że jej córka nigdy nie zaistnieje w społeczeństwie. Sama mając wyższe wykształcenie, chce, by córka poszła do szkoły średniej i zdobyła dyplom nauczyciela matematyki. Dlatego z przerażeniem obserwuje, że ta ostatnia lepiej radzi sobie z francuskim niż z matematyką i jest przeciwna temu, by została powieściopisarką. Bije ją również, gdy dowiaduje się o jej związku z Chińczykiem.

- Z drugiej strony, czasami akceptuje ekscentryczne zachowanie córki i broni jej przed dyrektorką szkoły, kiedy ta ostatnia mówi jej, że córka rzadko przychodzi do szkoły.

STARSZY BRAT

Jest ulubieńcem ich matki. Jest gwałtowny i nieprzyjemny, okrada wszystkich, w tym ich matkę, której pieniądze trwoni. Podczas gry hazardowej przegrywa lasy należące do posiadłości, którą matka podarowała mu w pobliżu Amboise, a podczas pobytu u siostry w czasie wyzwolenia Paryża kradnie 50 000 franków. W młodości regularnie bije młodszego brata, próbuje zgwałcić Dô, gospodynię domu, namawia matkę do bicia siostry, do której jest fizycznie podobny.

Choć wyjechał do Francji, by zapisać się do Violet School, prywatnej szkoły kształcącej inżynierów, w rzeczywistości nigdy tam nie trafił. Pierwszą pracę dostaje w wieku pięćdziesięciu lat. Choć jest okrutny, to postać ta jest przede wszystkim naznaczona samotnością. Kiedy umiera jego matka, okazuje się, że jest bez przyjaciół i samotnie kończy swoje dni. Zostaje pochowany wraz z matką w Loarze.

MŁODSZY BRAT, PAULO

Jest jedynym członkiem rodziny, którego imię znamy. Boi się swojego starszego brata, który go bije, ale kocha swoją siostrę, która jest od niego dwa lata młodsza. Po studiach rachunkowych został księgowym w Sajgonie. W 1942 roku, podczas okupacji japońskiej, umiera na zapalenie płuc w wieku 27 lat.

HÉLÈNE LAGONELLE

Mieszka w internacie z narratorem, który ją pożąda. Martwi się, gdy narrator nie wraca. Ma 17 lat i wspaniałe ciało. Jej ojciec jest urzędnikiem, a ona sama pochodzi z wyżyn Da Lat.

ANALIZA

ZBLIŻONY STYLEM DO NOWEJ POWIEŚCI

Jedną z głównych cech Marguerite Duras jest jej oszczędny styl pisania. Autorka jest oszczędna w słowach i preferuje milczenie, co sprawia, że tekst jest sprawny i poetycki zarazem.

Oprócz zwięzłych zdań, styl Duras w *Kochanku* charakteryzuje się zerwaniem z klasycznym rzemiosłem powieściowym innych jej powieści, takich jak *Mur morski* czy *Żeglarz z Gibraltaru*. To odrzucenie konwencji spowodowało również zaliczenie jej do grona Nowych Powieściopisarzy. Od lat 50. do 70. XX wieku grupa ta chciała odnowić akt pisania i prawa powieści, jakie istniały od XVIII wieku. Fabuła, potrzeba postaci i portrety psychologiczne to niektóre z zasad fikcji, które zostały zakwestionowane. Powieść zakwestionowała zatem samą siebie i obaliła reguły, które do tej pory nią kierowały. To odrzucenie konwencji wyjaśnia, dlaczego wielu nowych powieściopisarzy kwestionowało przynależność do tego samego ruchu literackiego, ponieważ każdy z nich podążał w innym kierunku.

Pisząc *Kochanka*, Duras wykorzystuje liczne cechy Nowej Powieści (*nouveau roman* po francusku) związane ze sztuką dekonstrukcji:

- Książka, która jak wiele Nowych Powieści ukazała się nakładem francuskiego wydawnictwa Éditions de Minuit, przedstawia postaci, których charakterystyczne cechy mają niewielkie znaczenie. Co więcej, czytelnik nie zna imion głównych bohaterów. Jedynie imię jej młodszego brata, Paulo, zostaje podane tylko raz, podobnie jak imię Hélène Lagonelle, które szybko zostaje przekształcone w inicjały H.L. Natomiast imiona postaci drugoplanowych zostają ujawnione. Tak jest w przypadku osób, które narratorka spotka podczas pobytu w Paryżu: Marie-Claude Carpenter, Betty Fernandez i jej męża Ramóna Fernandeza. W ten sam sposób główni bohaterowie fabuły pozbawieni są cech charakterystycznych, natomiast postacie drugoplanowe są bardziej szczegółowe.

- Gra enuncjacji, charakteryzująca się przejściem z pierwszej do trzeciej osoby liczby pojedynczej, dezorientuje czytelnika, który staje wobec celowego pomieszania narratora (osoby opowiadającej historię) i autora. Technika ta wpisuje się w dążenie Nowej Powieści do ciągłego kwestionowania funkcji narratora w opowieści (Dlaczego opowiadają? Jakie jest ich prawdziwe miejsce w narracji?).

- Fabuła powieści ma charakter pomocniczy. Konsekwencją tego jest brak ścisłej chronologii, co nadaje narracji chaotyczny, fragmentaryczny charakter. Niektóre sceny są szczegółowo opisane, inne zaś, o których wiemy, że miały miejsce, są przemilczane. Elipsy (opuszczanie całych fragmentów opowieści), a także pauzy, powtórzenia i analepsy (retrospekcje) zmuszają czytelnika do złożonego wyobrażenia sobie historii. Na przykład życie narratorki w Paryżu jest niemal w całości przemilczane (elipsa); chwile spędzone na seksie w mieszkaniu Chińczyka są opisane z najdrobniejszymi szczegółami, co sprawia wrażenie, że czas się zatrzymał (pauza); wreszcie niemal całe opowiadanie to analepsa, w której narratorka wspomina swoją przeszłość. Przerwanie narracji, stosowanie elips i przerwanie logicznego ciągu zdarzeń pozwala autorce uniknąć wyjaśnienia tego, co niewypowiedziane i nienazwane.

Te różne cechy zakładają aktywny udział czytelnika, który niekiedy zmuszony jest wracać do tego, co już przeczytał lub oczekuje się od niego znajomości pewnych elementów kultury autora.

PISANIE O SOBIE

Kochanek to powieść inspirowana autobiografią. Historia 15-letniej dziewczyny jest historią autorki, która podobnie jak jej bohaterka, żyjąc w Indochinach Francuskich w latach międzywojennych, związała się z mężczyzną. W wieku 70 lat, 50 lat po tych wydarzeniach, Marguerite Duras jest w stanie przelać na papier uczucia, jakie żywiła do młodego Chińczyka, a także wyrazić złożoność więzi, jakie łączyły ją z rodziną, matką i braćmi.

Może się wydawać sprzeczne, że autor należący do ruchu literackiego (Nowa Powieść) opartego m.in. na odmowie podmiotu podejmuje się przedsięwzięcia autobiograficznego. Przyczyna tej pozornej sprzeczności tkwi w tym, że powieść powstała w czasie, gdy pisarstwo autobiograficzne przeżywało nową dynamikę. Pisarze uczestniczyli więc w tym gatunku, jednocześnie go kwestionując. Duras, podobnie jak inni nowi powieściopisarze, czyni to poprzez stawianie na równi tego, co referencyjne i tego, co wyobrażone, co oznacza, że miesza elementy biograficzne z elementami fikcyjnymi (elementami wymyślonymi). Gatunek ten został nazwany "Nową Autobiografią" przez Alaina Robbe-Grilleta (pisarza i reżysera filmowego, 1922-2008).

Biografia Laure Adler, *Marguerite Duras* (1998), ujawnia na przykład, że idylla z powieści nie była w rzeczywistości tak idealna, jak się wydaje. Prawda jest taka, że Duras, na prośbę matki i w celu pomocy starszemu bratu, który zażywał narkotyki, sprzedała się swojemu kochankowi.

Ponadto, łącząc rzeczywistość i fikcję, Duras pracuje na pamięci i relacjonuje wydarzenia i uczucia, których doświadczyła w wieku 15 lat. Przewaga czasu teraźniejszego, który wyraża jednocześnie natychmiastowość i trwanie, odpowiada również narracji, która przedstawiona jest w formie wspomnienia, na które spogląda się wstecz: "Kiedy jestem na promie na Mekongu, w dniu czarnej limuzyny, moja matka jeszcze nie oddała ziemi przy tamy" (s. 26).

Poprzez *"Kochanka"* autorka rozpoczyna prawdziwe poszukiwanie swojej tożsamości. Świadczy o tym przejście z pierwszej osoby do trzeciej osoby liczby pojedynczej, ponieważ używając trzeciej osoby autorka dystansuje się od młodej dziewczyny, którą była, mówiącej w "ja", do kobiety, którą się stała. W ten sposób przedstawia siebie jako żywą enigmę.

POWIEŚĆ O DOJRZEWANIU

Kochanek to takze powieść o dojrzewaniu (*Bildungsroman*), gatunek zapoczątkowany w Niemczech w XVIII wieku. Przedstawia stopniowy rozwój głównej bohaterki, piętnastolatki, aż do osiągnięcia ideału kobiety konsumpcyjnej. Tą dojrzałą kobietą jest nie kto inny jak narratorka. Niezależnie od tego, czy mówi ona w pierwszej czy trzeciej osobie liczby pojedynczej, są to te same osoby.

Jak każdy bohater opowieści o dojrzewaniu, młoda dziewczyna odkrywa szczególną dziedzinę, na której się skupia i która pozwala jej zbudować własny światopogląd. Jej domeną jest seksualność, w którą wprowadza ją kochanek podczas próby fizycznej: jej pierwsze doświadczenie seksualne. To doświadczenie daje jej wiedzę, do której nawiązuje, ale o której milczy: "Hélène Lagonelle wciąż nie wie tego, co ja wiem, a ma siedemnaście lat. To tak, jakbym ja to rozgryzła, ona nigdy nie będzie wiedziała tego, co ja wiem".

Poszukiwania podjęte przez młodą dziewczynę odpowiadają jej pragnieniu kierowania swoim życiem tak, jak je rozumie. Cel ten jest realizowany nie bez trudności, ponieważ narratorka musi pokonać przeszkody narzucone przez rodzinę, ojca kochanka i ówczesne społeczeństwo kolonialne. W stawaniu się kobietą spełnioną pomaga jej jednak jeden pomocnik: jej kochanek, Chińczyk.

DALSZA REFLEKSJA

KILKA PYTAŃ DO PRZEMYŚLENIA...

- W jakim stopniu można powiedzieć, że *Kochanek* jest przeróbką *Muru Morskiego*?

- W jaki sposób pisarstwo Marguerite Duras pozwala jej powiedzieć to, co niewypowiedziane?

- Czy uważasz, że młoda dziewczyna jest uległa wobec swojego kochanka, czy wręcz przeciwnie – sprawuje władzę nad mężczyzną? Uzasadnij swoją odpowiedź.

- Dlaczego na podstawie tego, co niedopowiedziane, można powiedzieć, że matka narratora prowadzi dwuznaczną grę? Podaj przykłady.

- *Kochanek* pierwotnie miał się nazywać *Obraz absolutny*. Jak byś wyjaśnił ten tytuł?

- Duras, podobnie jak nowi powieściopisarze, posługuje się sztuką dekonstrukcji. Wyjaśnij, na czym ona polega i jaki jest efekt tej dekonstrukcji.

- Marguerite Duras nie lubiła filmowej adaptacji *"Kochanka"*. Dlaczego, twoim zdaniem? Jakie wybory preferowałbyś, gdybyś musiał wyprodukować tę adaptację z poszanowaniem twórczości Duras?

- Z punktu widzenia ściśle formalnego, jakie różnice można zauważyć między *Kochankiem* a *Kochankiem z północnych Chin*, jego przeróbką?

- Dlaczego można powiedzieć, że pisanie *Kochanka* stanowi dla Duras formę egzorcyzmu?

DALSZE CZYTANIE

WYDANIE REFERENCYJNE

Duras, M. (1985) *The Lover*. Trans. Bray, B. New York: Random House.

ADAPTACJE

Kochanek (The Lover) (1992) [Film]. Jean-Jacques Annaud. Dir. Francja: Films A2. Duras nie była zadowolona z tej adaptacji filmowej i zakończyła współpracę z reżyserem.

PRZEPISANIE TEKSTU

Duras, M. (1994) *Kochanek z północnych Chin*. Trans. Hafrey, L. New York: The New Press.

Chcemy usłyszeć od Ciebie, co się dzieje!
Zostaw komentarz na temat swojej internetowej biblioteki
i podziel się swoimi ulubionymi książkami w mediach społecznościowych!

Wydawca zapewnia o wiarygodności publikowanych informacji, co jednak nie może wiązać się z jego odpowiedzialnością.

www.50minutes.com

Master ISBN: 9782808693714
Papierowy ISBN: 9782808615112
Depozyt prawny: D/2023/12603/1791

Verhaal: © Primento

Projekt cyfrowy: Primento, cyfrowy partner wydawców.